Liebe Eltern, liebe Erzieherinnen und Erzieher,

die vorliegende Gebete-Sammlung möchte Ihrem Kind helfen, selbst mit Gott ins Gespräch zu kommen. Dabei geht es vor allem darum, folgende Grunderfahrungen zu vermitteln und auszudrücken: Gott liebt mich, er ist bei mir, er behütet mich, er ist gut. Gott ist immer da, nicht als Kontrolleur, sondern als Gesprächspartner und Helfer. Auf dieser Vertrauensbasis mögen die Kinder mit Hilfe dieses Gebetbuches ihre Gedanken an Gott formulieren lernen. Angeregt werden sie dazu auch durch die anschaulichen und lebendigen Bilder des Malers Emil Maier-F. Lesen Sie Ihrem Kind die Gebete langsam vor, und betrachten Sie mit ihm die farbenfrohen Illustrationen!
Jede Seite umfaßt ein selbstformuliertes Gebet und einen überlieferten Text, den das Kind vielleicht aus dem Gottesdienst oder Kindergarten kennt. Da diese vorformulierten Gebete sich reimen, lassen sie sich leicht auswendig lernen und bilden somit eine gute Grundlage für Tage und Situationen, wo dem Kind zunächst vielleicht doch die eigenen Worte fehlen.
Die vorliegenden Gebete sind Beispiele. Sie können zum persönlichen Gespräch anleiten. Vielleicht möchten Sie die Texte nach dem Vorlesen auch einfach stehenlassen und gemeinsam das dazugehörige Bild ansehen. Es ist auch möglich, daß Ihr Kind durch das Bild zu einem freien Gespräch mit Gott angeregt wird und gleich eigene Worte finden möchte.
Beten ist Reden mit Gott. Wenn dieses Buch Sie und Ihr Kind auf dem Weg des Betenlernens als Brücke und Wegweiser begleiten dürfte, hätte es seinen Zweck erfüllt.

Reinhard Abeln

1. Auflage 1993

© 1993 Saatkorn-Verlag GmbH, Grindelberg 13–17, D-20144 Hamburg
Verlagsarchiv-Nr. 1050 393
Redaktionelle Bearbeitung: Irmtraut Wittenburg
Typographische Gestaltung: Studio A Design GmbH, Hamburg
Gesamtherstellung: Grindeldruck GmbH, Postfach 13 08 45, D-20108 Hamburg
Ohne schriftliche Genehmigung des Verlags ist es nicht gestattet, das Buch oder Teile daraus auf irgendeinem Wege (fotomechanische Wiedergabe, Fotokopie, Mikrofilm) zu vervielfältigen oder in eine von Maschinen, insbesondere von Datenverarbeitungsanlagen, verwendbare Sprache zu übertragen.
Alle Rechte vorbehalten – Printed in Germany 1993
ISBN 3-8150-0882-4

Du hast mich lieb, guter Gott

Text: Reinhard Abeln
Illustrationen: Emil Maier-F.

Saatkorn-Verlag

Ich freue mich auf den neuen Tag

Lieber Gott,
ich freue mich auf diesen Tag heute.
Ich freue mich auf den Kindergarten
und auf meine Freunde dort.
Ich freue mich auf das Schwimmbad
und auf das neue Bilderbuch,
das Vati gestern mitgebracht hat.
Danke für alles, lieber Gott.
Amen.

Wie fröhlich bin ich aufgewacht,
wie hab ich geschlafen so sanft die Nacht!
Hab Dank im Himmel, du Vater mein,
daß du hast wollen bei mir sein!
Behüte mich auch diesen Tag,
daß mir
kein Leid
geschehen
mag!

Danke für Vati und Mutti

Lieber Gott,
ich habe Vati und Mutti lieb.
Sie lachen, singen, spielen
und beten mit mir.
Sie nehmen mich in den Arm
und trösten mich, wenn ich traurig bin.
Sie wollen, daß es mir gut geht.
Lieber Gott, ich bin froh,
daß ich meine Eltern habe.
Bitte beschütze sie.
Amen.

Die Eltern mein empfehl ich dir:
Behüte, lieber Gott, sie mir!
Vergilt, o Herr, was ich nicht kann,
das Gute, das sie mir getan.

Danke für deine wunderbare Welt

Lieber Gott,
danke für die Sonne und den Regen.
Danke für die bunten Blumen im Garten.
Danke für das Eichhörnchen,
den kleinen Hund und den Marienkäfer.
Besonders danke ich dir
für die Menschen, die mich gern haben.
Deine Welt ist toll, lieber Gott.
Amen.

O Gott, wie groß, wie gut bist du,
wie schön ist deine Welt!
Gib, daß ich dir zulieb auch tu,
was, Vater, dir gefällt!

Du bist immer bei mir

Lieber Gott,
ich weiß, daß du immer bei mir bist.
Du bist neben dem Bett, in dem ich schlafe.
Du bist auf dem Spielplatz,
wo ich klettere und turne.
Du bist im Zirkus,
wo ich Spaß und Freude erlebe.
Und du bist auch im Supermarkt,
wo ich mit Mutti und Vati einkaufe.
Bitte bleib immer bei mir
und beschütze mich.
Amen.

Wo ich stehe, wo ich gehe,
bist du, lieber Gott, bei mir.
Wenn ich dich auch niemals sehe,
weiß ich sicher, du bist hier.

Ich habe genug zu essen

Lieber Gott,
danke für mein Essen: für Gemüse und Fleisch,
Pudding und Himbeersoße …
Du gibst mir so viele gute Sachen.
Denk aber auch an die Menschen,
die nicht genug zu essen haben!
Mit Mutti und Vati will ich überlegen,
wie wir ihnen helfen können.
Amen.

Jedem Tier gibst du zu essen,
jede Blume trinkt von dir.
Hast auch meiner nicht vergessen,
lieber Gott, ich danke dir.

Laß uns immer Freunde bleiben

Lieber Gott,
ich habe einen guten Freund. Er heißt Timo.
Fast jeden Tag spiele ich mit ihm.
Wir setzen Puzzles zusammen,
malen mit Wasserfarben oder
fahren mit unseren Fahrrädern.
Manchmal gibt es auch Streit,
aber dann vertragen wir
uns ganz schnell wieder.
Laß uns immer
Freunde bleiben!
Amen.

Wie gut, daß es die andern gibt.
So bin ich nicht allein.
Du, Gott, der alle Menschen liebt,
sollst unser Freund auch sein.

Ich fürchte mich

Lieber Gott,
manchmal fürchte ich mich sehr.
Ich fürchte mich,
wenn ich abends allein zu Hause bin;
wenn ich Kinder treffe,
die größer und stärker sind als ich;
wenn es blitzt und donnert.
Bitte hilf mir, immer an dich zu denken.
Dann muß ich mich
nicht mehr so fürchten.
Amen.

O Herr, ich danke dir
für deine Treue hier,
denn auch in Schwierigkeiten
willst du mich begleiten.

Am schönsten ist es am Wochenende

Lieber Gott,
das Wochenende finde ich besonders schön.
Da sind wir alle zusammen.
Wenn es regnet,
spielen wir zu Hause miteinander.
Wenn die Sonne scheint,
machen wir oft einen Ausflug.
Danke, daß wir soviel Spaß haben.
Beschütze uns alle.
Amen.

Was ich habe, kommt von dir,
was ich brauche, gibst du mir.
Was ich sehe, ruft mir zu:
Gott, wie groß, wie gut bist du!

Vergib mir meine Fehler

Lieber Gott,
manchmal habe ich schlechte Laune.
Dann gebe ich patzige Antworten
oder schmeiße mit meinen Sachen.
Wenn ich ganz wütend bin,
mache ich einfach etwas kaputt –
wie neulich die Sandburg am See.
Dabei finde ich es viel schöner,
wenn ich nicht so bockig bin.
Vergib mir meine Fehler
und nimm die schlechte
Laune weg.
Amen.

Vater, laß mich Freude finden,
tröste wieder meinen Sinn,
wenn ich wegen meiner Fehler
so bedrückt und traurig bin.

Ich bin krank

Lieber Gott,
heute tut mir mein Hals schrecklich weh.
Ich muß den ganzen Tag im Bett liegen
und meine Medizin nehmen.
Laß mich bald wieder gesund sein!
Ich bitte dich auch für die Kinder,
die immer im Bett liegen müssen.
Gib ihnen Menschen, die sie liebhaben!
Hilf ihnen, ihre Schmerzen zu ertragen.
Tröste sie, wenn sie traurig sind.
Amen.

Vater, laß die Liebe dein
auch bei allen Kranken sein.
Nimm du Trauer, Leid und Schmerzen;
schenke Frieden ihren Herzen.

Wenn Schlimmes geschieht

Lieber Gott,
auf deiner schönen Welt geschieht auch Schlimmes.
Jeden Tag sterben irgendwo Menschen:
bei einem Verkehrsunfall,
im Krieg,
an einer Krankheit,
oder weil sie schon sehr alt sind.
Ich finde das so traurig.
Bitte tröste du die Menschen,
die sie liebhatten.
Amen.

Was auch geschieht in meinem Leben,
du, guter Gott, behütest mich.
Wenn Leid und Trauer mich umgeben,
verlaß ich mich ganz fest auf dich.

Beschütze alle, die unterwegs sind

Lieber Gott,
bitte sei bei allen Menschen,
die jetzt unterwegs sind:
in ihren Autos auf dem Weg zur Arbeit,
in Bussen und Straßenbahnen,
in Zügen und Flugzeugen,
auf dem Rad und Motorrad oder zu Fuß.
Lieber Gott, laß alle
aufeinander Rücksicht nehmen!
Amen.

Hab Dank für deine Güte,
deinen Schutz und dein Geleit,
du treuer Gott, behüte
mich bis in Ewigkeit.

Nun möchte ich einschlafen

Lieber Gott,
jetzt ist der Tag zu Ende.
Danke für alles, was ich heute erlebt habe.
Schenke mir eine gute Nacht
und meinen Eltern und Geschwistern auch.
Ich bitte dich für die Menschen,
die kein gemütliches Zuhause
und kein Bett haben.
Sei bei allen, die nicht wissen,
wo sie heute nacht schlafen sollen.
Sei auch bei denen, die jetzt arbeiten müssen.
Laß sie spüren, daß du bei ihnen bist.
Amen.

So ein schöner Tag war heute,
lieber Gott, und so viel Freude
hast du wieder mir gemacht.
Dankbar sag ich: Gute Nacht!

Verweis auf die Bibel

Freie Kindergebete sind sehr konkret in ihrer Sprache. Sie schildern die kindlichen Gefühle und Erlebnisse, wie sie in der Bibel so nicht vorkommen. Die zugrundeliegenden Erfahrungen, wie Freude, Dank, Freundschaft, Vergebung, Unterwegssein, Angst, Krankheit und Tod, sind jedoch durchweg auch in der Bibel zu finden.
Die folgenden beispielhaften Verweise auf die Bibel wollen Eltern, Erzieherinnen und Erziehern eine Grundlage bieten, auf die sie in Gespräch und freiem Gebet mit den Kindern immer wieder zurückgreifen können:
Ich freue mich auf den neuen Tag: Numeri/4. Mose 6, 24–26
Danke für Vati und Mutti: Lukas 15, 11–32
Danke für deine wunderbare Welt: Psalm 19, 1–7
Du bist immer bei mir: Psalm 139, 1–18; Lukas 24, 13–35
Ich habe genug zu essen: Exodus/2. Mose 16, 12–16; Markus 6, 31–44
Laß uns immer Freunde bleiben: Lukas 7, 1–10
Ich fürchte mich: Markus 4, 35–41
Am schönsten ist es am Wochenende: Kohelet/Prediger 3, 12.13
Vergib mir meine Fehler: Psalm 32, 1–7; Matthäus 6, 9–15
Ich bin krank: 1. Könige 17, 17–24; Psalm 116, 1–9; Matthäus 9, 27–31
Wenn Schlimmes geschieht: Johannes 11, 1–44; 20, 11–18
Beschütze alle, die unterwegs sind: Psalm 91
Nun möchte ich einschlafen: Psalm 4